SACCAGE CE CARNET

CRÉER, C'EST DÉTRUIRE

PAR KERI SMITH

PENGUIN BOOKS

PENGUIN BOOKS
UNE DIVISION DE PENGUIN RANDOM HOUSE LLC
375 HUDSON STREET
NEW YORK, NEW YORK 10014
PENGUIN.COM

PREMIÈRE ÉDITION EN LANGUE ANGLAISE PUBLIÉE PAR PERIGEE,
UNE DIVISION DE PENGUIN GROUP (USA) INC., 2007
PREMIÈRE ÉDITION EN LANGUE FRANÇAISE PUBLIÉE PAR PERIGEE 2012
PUBLIÉ PAR PENGUIN BOOKS 2017

DESSIN ET DESIGN PAR KERI SMITH
TRADUCTION PAR CLÉMENT GAUJAL
ILLUSTRATION FRANÇAISE PAR CLAUDIA CARLSON

ISBN 9780399162862

IMPRIMÉ AUX ÉTATS-UNIS D'AMÉRIQUE
20 19 18 17 16 15

CERTAINES DES ACTIVITÉS SUGGÉRÉES DANS CE LIVRE NE POURRAIENT PAS CONVENIR AUX ENFANTS NON SURVEILLÉS.

ATTENTION : TU TE SALIRAS EN REMPLISSANT CE CARNET. TU RISQUES DE TE TACHER AVEC DE LA PEINTURE OU TOUT AUTRE TYPE DE PRODUITS BIZARRES. TU TE MOUILLERAS. TU DEVRAS SANS DOUTE FAIRE DES CHOSES QUE TU NE COMPRENDRAS PAS TRÈS BIEN. TU REGRETTERAS PEUT-ÊTRE L'ÉTAT DANS LEQUEL ÉTAIT CE CARNET QUAND TU L'AS ACQUIS. TU POURRAIS VOIR DE LA DESTRUCTION CRÉATRICE EN TOUTE CHOSE. TU RISQUES TE COMMENCER À TE CONDUIRE AVEC PLUS DE TÉMÉRITÉ.

Remerciements La réalisation de ce livre a été possible grâce aux personnes suivantes : mon mari, Jefferson Pitcher, qui est une source permanente d'inspiration pour profiter pleinement de la vie (certaines de ses idées se trouvent dans ce livre). Merci aux deux talentueux artistes Steve Lambert et Cynthia Yardley-Lambert qui m'ont aidée à trouver des idées pendant une conférence sur l'art contemporain. À mon éditeur chez Perigee, Meg Leder, qui a tout de suite adhéré et cru en ce projet, je te suis reconnaissante pour tes idées et ton sens artistique. À mon agent, Faith Hamlin, pour continuer à croire en ma vision artistique / créative. Merci également à Corita Kent, John Cage, Ross Mendes, Brenda Ueland, Bruno Munari, ainsi que Charles et Ray Eames dont les idées et l'intuition ne cessent de me surprendre.

Ce livre est dédié aux perfectionnistes du monde entier.

CE CARNET APPARTIENT À : Gabi

ÉCRIS TON NOM EN BLANC.

ÉCRIS TON NOM DE MANIÈRE ILLISIBLE.

Gabi

ÉCRIS TON NOM EN TOUT PETIT.

Gabi

ÉCRIS TON NOM À L'ENVERS.

Gabi

ÉCRIS TON NOM DE MANIÈRE TRÈS PÂLE.

GABI

ÉCRIS TON NOM EN TRÈS GRANDES LETTRES.

244 Rue du Fort Remy Lasalle

ADRESSE

514-947-4224

TÉLÉPHONE

* REMARQUE : SI TU TROUVES CE CARNET, OUVRE LE AU HASARD, SUIS LES CONSIGNES PUIS RENVOIE AU PROPRIÉTAIRE.

MODE D'EMPLOI

1. Emporte ce carnet avec toi partout.
2. Respecte les consignes de chaque page.
3. L'ordre n'est pas important.
4. L'interprétation des consignes est libre.
5. Expérimente.
(même en dépit du bon sens.)

matériel

idées
gomme
colle
saleté
salive
eau
météo
ordures
flore
crayon / stylo
fil & aiguille
timbres
autocollants
objets collants
bâtons
cuillères
peigne
lien torsadé
encre
peinture
herbe
détergent
graisse
larmes
craies grasses

odeurs
mains
ficelle
balle
imprévisibilité
spontanéité
photos
journaux
choses blanches
fournitures de bureau
cire
objets trouvés
agrafeuse
aliments
thé / café
émotions
craintes
chaussures
allumettes
biologie
ciseaux
ruban adhésif
temps
coïncidence
détermination
objets tranchants

DONNE TES PROPRES NUMÉROS DE PAGE.

COMMENCE ICI

ASSOUPLIS LE DOS DU CARNET.

PAGE À LAISSER

VIERGE

EXPRÈS.

TIENS-TOI DEBOUT ICI.

(ESSUIE TES PIEDS, SAUTE.)

VERSE, RENVERSE, fais goutter, CRACHE, jette TON CAFÉ ICI.

FAIS DES TROUS DANS CETTE PAGE À L'AIDE D'UN CRAYON.

TRACE DES LIGNES ÉPAISSES ET FINES.

EN APPUYANT FORT SUR LE CRAYON.

CETTE PAGE EST RÉSERVÉE AUX

TRACES DE MAINS

ET EMPREINTES DIGITALES.

SALIS-LES ET APPLIQUE-LES

SUR LA PAGE.

COLORIE TOUTE LA PAGE.

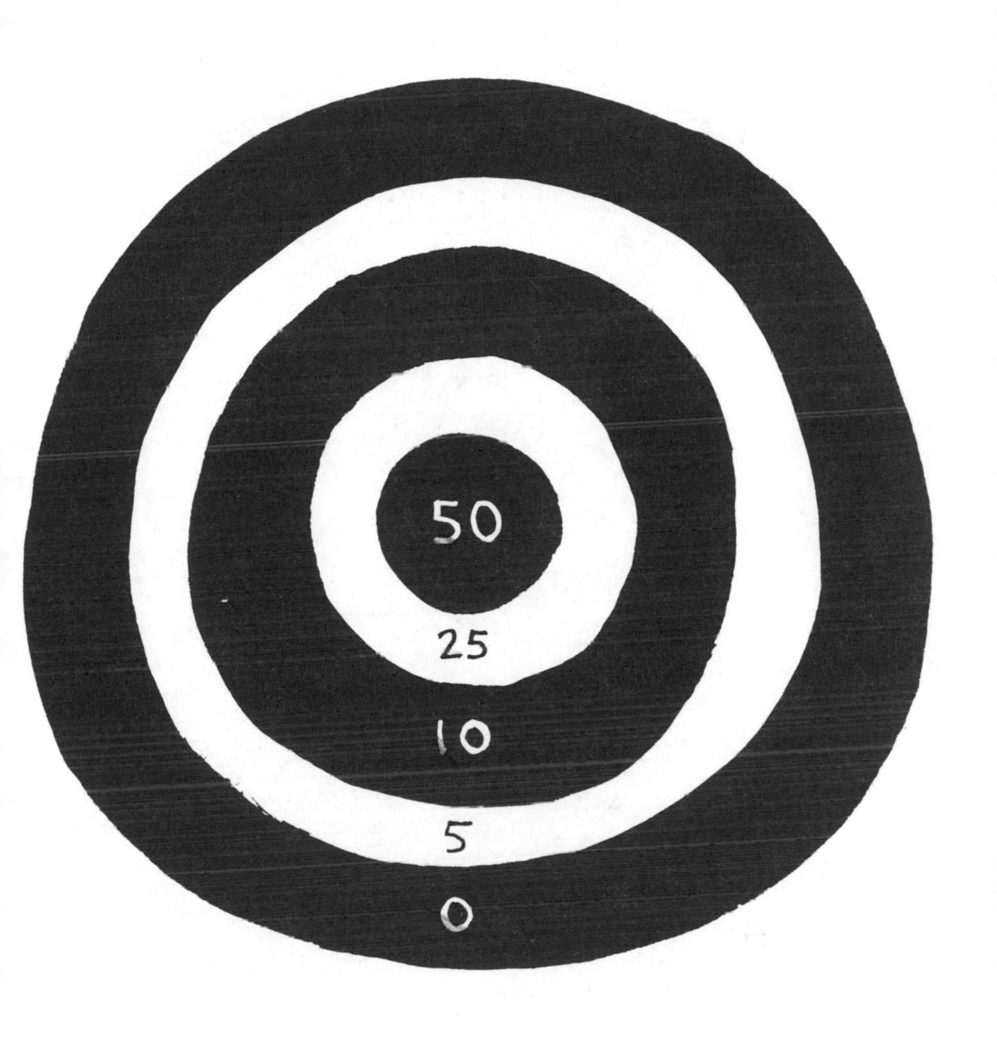

LANCE QUELQUE CHOSE

UN CRAYON, UNE BALLE TREMPÉE
DANS DE LA PEINTURE.

COLLE DES FEUILLES MORTES ET AUTRES CHOSES RAMASSÉES

DÉCHIRE

AVEC UN OBJET TRANCHANT.

DÉCALQUE DES TRUCS À L'AIDE D'UN CRAYON.

Caticorn

GRIBOUILLE SAUVAGEMENT, VIOLEMMENT, avec INSOUCIANCE.

ARRACHE DES LANGUETTES

DÉCHIRE-LES!

COLLE,
agrafe,
ou attache avec
du ruban adhésif
les PAGES
ensemble.

trace des lignes

DANS LE BUS, DANS UN

En TE DÉPLAÇANT,
TRAIN, EN MARCHANT.

REMPLIS CETTE PAGE DE CERCLES.

Décris ton repas.

FROTTE, ÉTALE, ÉCLABOUSSE AVEC TES ALIMENTS.

SERS TOI DE CETTE PAGE COMME SERVIETTE.

MÂCHE ça

↓

*ATTENTION: NE PAS AVALER.

FABRIQUE UN GOBELET.

BOIS DE L'EAU.

1. DÉCOUPE.

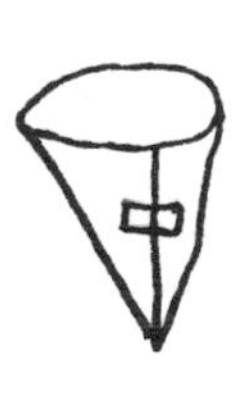

2. ROULE ET COLLE.

3. REMPLIS D'EAU ET BOIS.

DÉCHIRE FROISSE.

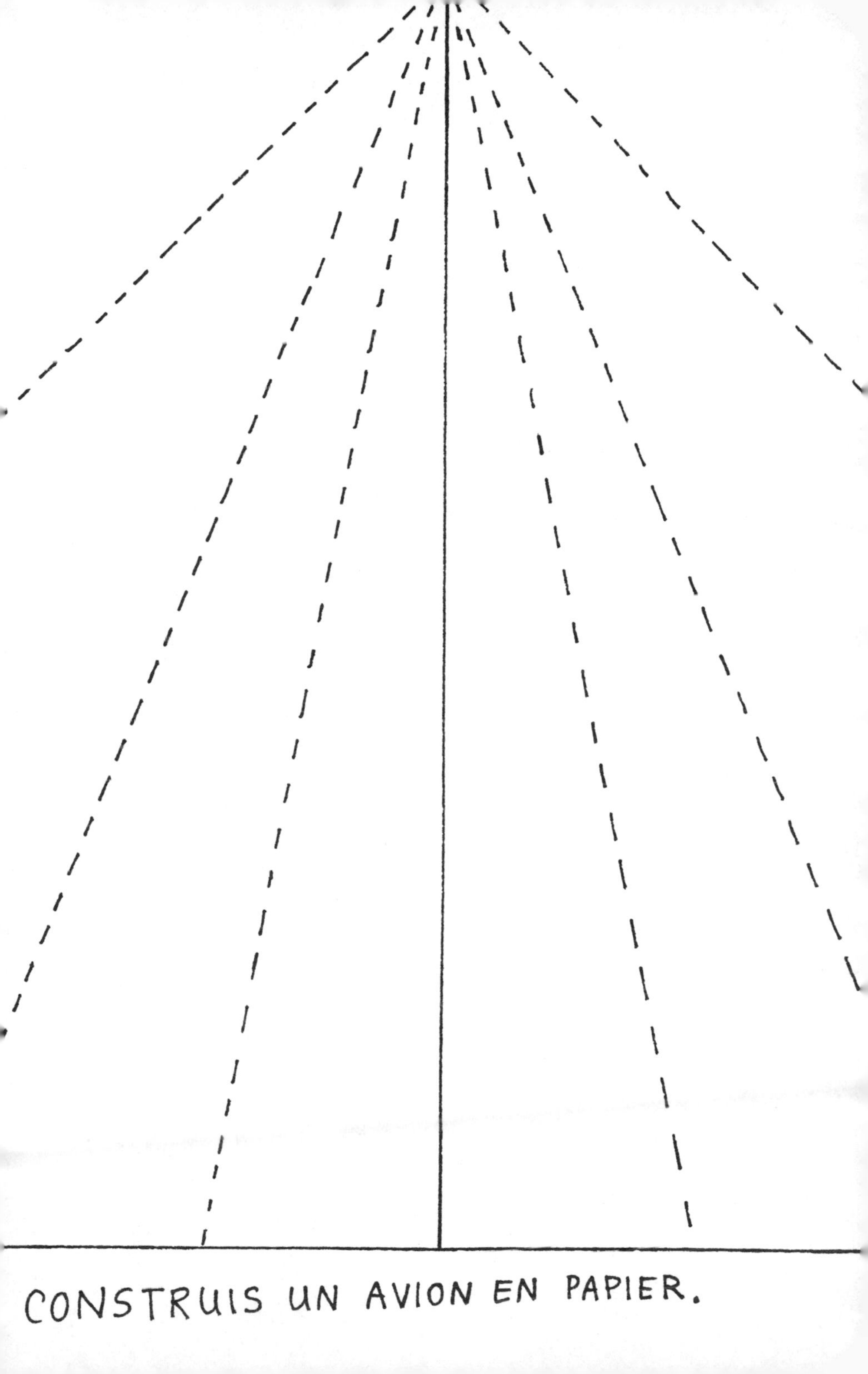
CONSTRUIS UN AVION EN PAPIER.

EMBALLE *quelque chose* AVEC CETTE PAGE.

PEINS AVEC TA LANGUE

1. MANGE UN BONBON COLORÉ.
2. LÈCHE CETTE PAGE.

ÉCRIS LE MÊME MOT

ENCORE ET ENCORE.

ATTACHE UNE FICELLE AU *dos* DE CE LIVRE.

BALANCE-LE VIOLEMMENT

LAISSE-LE COGNER LES MURS.

ATTRAPE LE CARNET SANS T'AIDER DE TES MAINS.

GRIMPE HAUT

LÂCHE LE CARNET.

composte cette page.

regarde-la se décomposer.

DESSINE *quelque chose*

(INSPIRE TOI D'UN SUJET MOCHE:

UN OISEAU MAL DESSINÉ,

de vraiment LAID

GOMME,

EXCRÉMENT, DES CHOSES MORTES,

MOISI, VOMI, POURRITURE.)

METS DES CHOSES COLLANTES ICI.
(miel, GOMME, sirop, colle, sucette, guimauve)

FAIS COMME SI TU GRIBOULLAIS AU DOS D'UNE ENVELOPPE EN PARLANT AU TÉLÉPHONE.

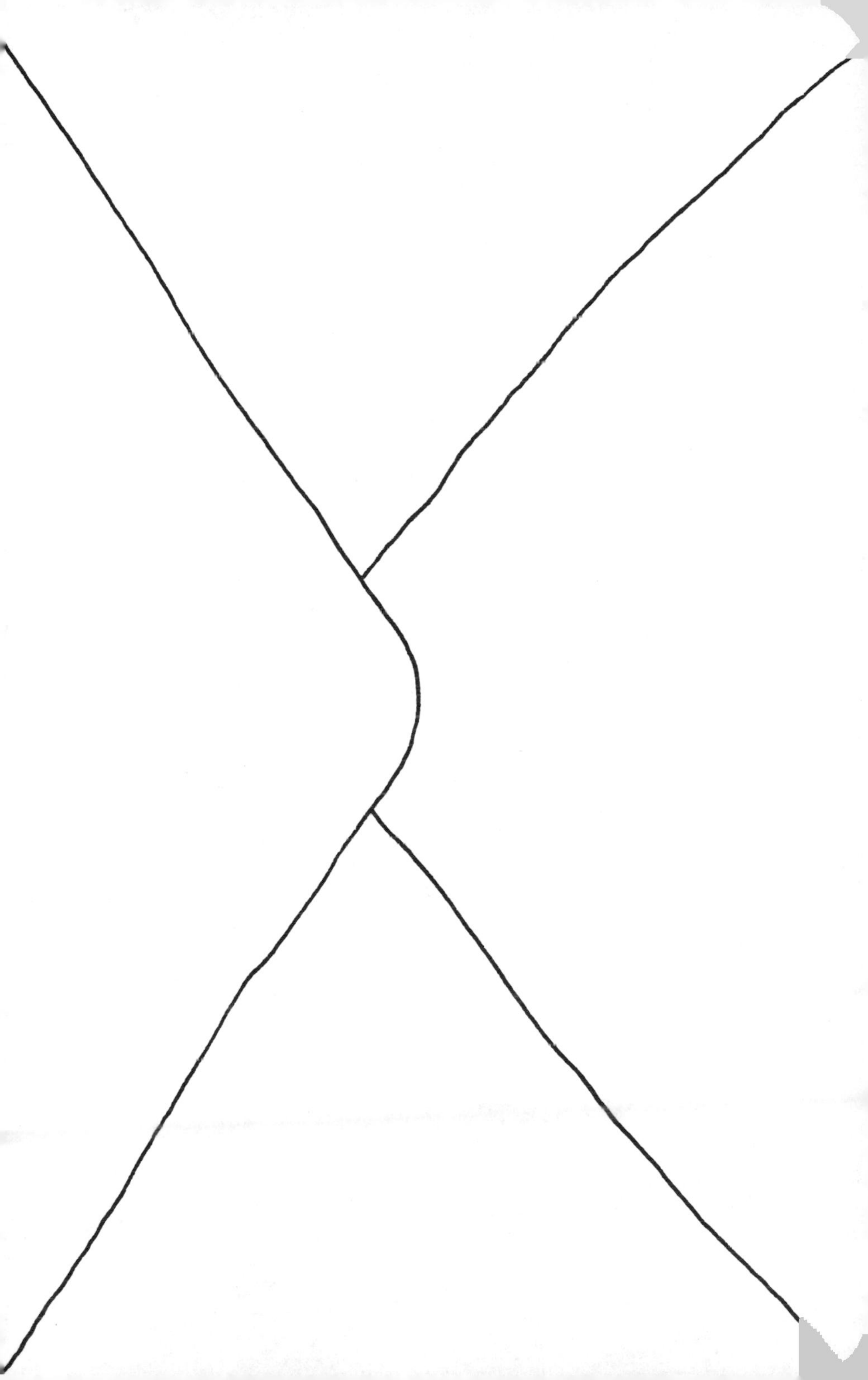

JOURNAL GOLF

1. DÉCHIRE UNE PAGE. METS-LA EN BOULE.
2. POSE LE CARNET EN FORMANT UN  TRIANGLE.
3. TAPE/FRAPPE LA BALLE ET FAIS-LA PASSER DANS LE TRIANGLE.

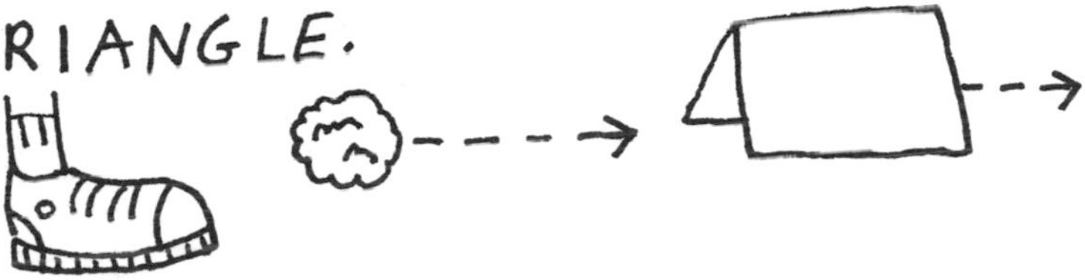

fabrique une chaîne en papier.

*ÉTIQUETTES TROUVÉES SUR DES FRUITS ACHETÉS.

RECOUVRE CETTE PAGE

UNIQUEMENT AVEC DES
FOURNITURES DE BUREAU.

EMPORTE CE LIVRE AVEC TOI SOUS LA DOUCHE.

ATTACHE UNE FICELLE AU CARNET.

VAS TE PROMENER EN LE TIRANT.

FROTTE ICI AVEC DE LA TERRE.

UTILISE COMME

page test

POUR STYLOS, PEINTURE, MARQUEURS OU MATÉRIEL D'ART.

FAIS GOUTTER
QUELQUE CHOSE ICI.
(ENCRE, PEINTURE, THÉ)
FERME LE LIVRE POUR
FAIRE UNE MARQUE.

Couds cette page

colle ici UNE PAGE
PRISE au HASARD
DANS UN JOURNAL.

POUR TES LISTES DE COURSES.

DÉCOUPE TOUS LES TIMBRES
DE TON COURRIER.

DESSINE LE CONTOUR DES OBJETS QUI SONT DANS TON SAC (OU TES POCHES). LAISSE LES LIGNES SE CROISER.

COUVRE CETTE PAGE

DE CHOSES BLANCHES.

griffonne dans tous les sens uniquement avec des stylos empruntés.

(écris où tu les as pris.)

FAIS UN MOUVEMENT BRUSQUE, DESTRUCTIF, ET IMPRÉVISIBLE AVEC CE CARNET.

FAIS DES SALETÉS,
NETTOIE-LES.

DESSINE SUR :

- [x] LA COUVERTURE.
- [x] LA PAGE DE TITRE.
- [x] LE MODE D'EMPLOI.
- [x] LES MENTIONS LÉGALES.

CORNE TES PAGES PRÉFÉRÉES.

Page réservée aux pensées positives.

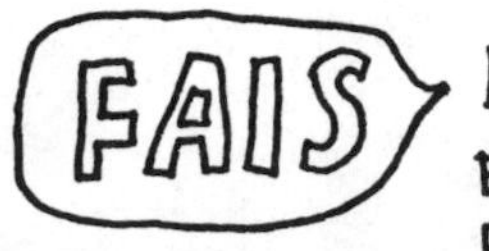

DES IMPRESSIONS AVEC UN TAMPON ENCREUR ET DES LÉGUMES COUPÉS EN DEUX.

LAISSE UN AMI
VANDALISER
CETTE PAGE.
FERME LES YEUX.

MAINTENANT ÉCRIS. SANS FAIRE ATTENTION.

I Love

Slime

COLLE DES TRUCS PRIS AU HASARD.

(comme des choses trouvées dans ton canapé, dans la rue, etc.)

arrache cette page.

METS-LA DANS TA POCHE.
LAVE-LA À LA MACHINE.
REMETS-LA DANS LE CARNET.

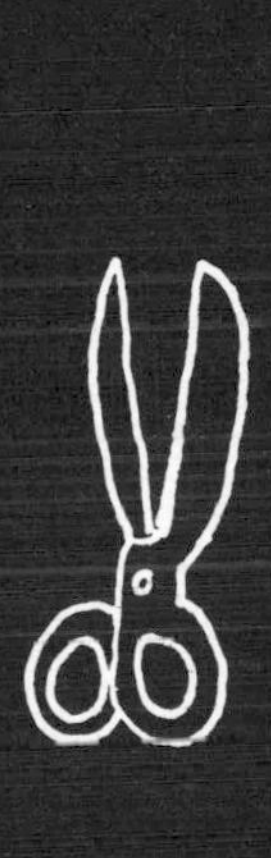

DÉCOUPE PLUSIEURS PAGES EN MÊME TEMPS

Imprègne
cette page d'une
odeur de ton
choix.

COLORIE EN
DÉPASSANT.

FERME LES YEUX.

DE MÉMOIRE, RELIE
LES POINTS ENTRE EUX.

ACCROCHE LE CARNET DANS UN LIEU PUBLIC.
PROPOSE AUX GENS DE DESSINER SUR CES PAGES.

RÉCUPÈRE LA MONNAIE

COLLE-LA ICI.

↓ ↓ ↓ ↓

AU FOND DE TES POCHES.

trace le contour de TA main.

dessine avec de la
COLLE.

RASSEMBLE DES ÉCHANTILLONS DE DIFFÉRENTES SUBSTANCES TROUVÉES CHEZ TOI.

DÉCRIS-LES.
REGROUPE-LES PAR COULEUR.

RACONTE QUELQUE CHOSE

D'ENNUYEUX EN DÉTAIL.

FAIS UN DESSIN EN UTILISANT UN (OU PLUSIEURS) DE TES CHEVEUX.

COLLE LA PHOTO

ICI.

prends une photo de
toi que tu détestes.

DÉFIGURE-LA.

TRACE DES TRAITS À

À TREMPÉS DANS DE L'ENCRE

(BÂTONS, CUILLÈRES, LIENS

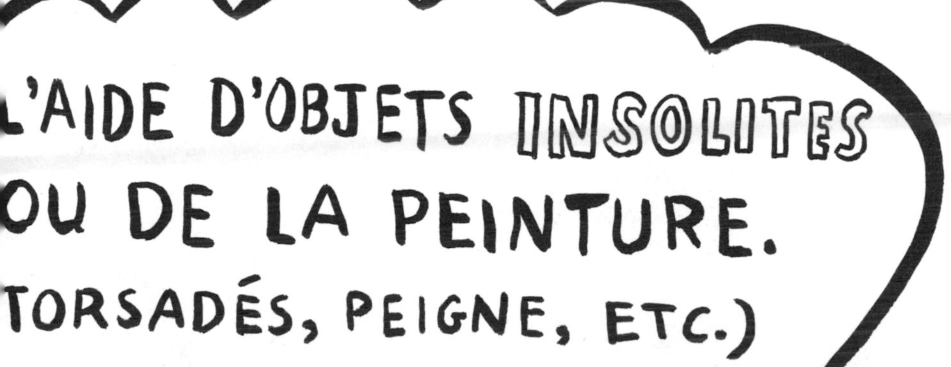
L'AIDE D'OBJETS INSOLITES
OU DE LA PEINTURE.
TORSADÉS, PEIGNE, ETC.)

remplis cette
page quand
tu es vraiment
EN COLÈRE.

ÉCRIS OU DESSINE

DE LA MAIN GAUCHE.

TROUVE UN MOYEN DE T'HABILLER AVEC LE CARNET.

cette page est un panneau.
quel message veux-tu afficher?

DÉPART

TRACE UN TRAIT SANS FIN.

RÉSERVÉ AUX REMARQUES NÉGATIVES.*

(* LAISSE PARLER TON ESPRIT CRITIQUE!)

TRACE DES LIGNES AVEC TON CRAYON OU TON STYLO.

LÈCHE TON DOIGT
ET FAIS BAVER
LES TRAITS.

DÉBARRASSE-
TOI
DE CETTE
PAGE.
(JETTE-LA).
FAIS-EN TON DEUIL.

PAGE RÉSERVÉE aux MOTS DE QUATRE LETTRES.

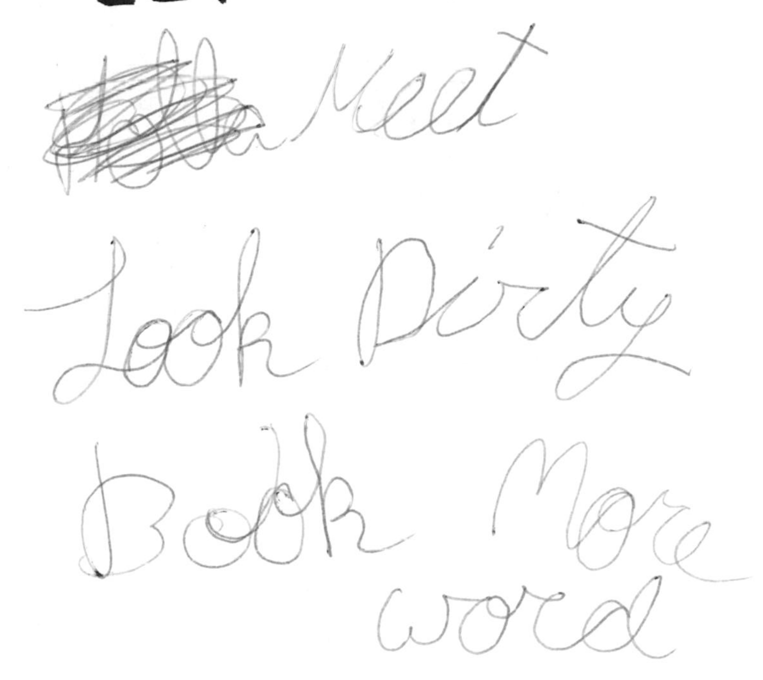

COLLE UNE PAGE DE MAGAZINE.

ENTOURE LES MOTS QUI TE PLAISENT.

écris en tenant ton crayon avec la bouche.

DONNE À QUELQU'UN TA PAGE PRÉFÉRÉE.

.srevne'l á sircÉ

CHRONIQUE LE TEMPS QUI PASSE.

CETTE PAGE EST DÉDIÉE

À TON MONOLOGUE INTÉRIEUR.

RÉCURE CETTE PAGE.

CACHE UN MESSAGE SECRET QUELQUE PART DANS CE LIVRE.

GARDE LE CARNET AVEC TOI

POUR DORMIR.

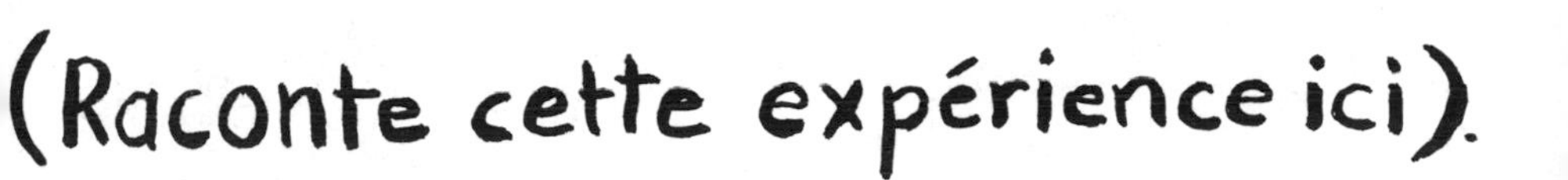
(Raconte cette expérience ici).

FERME LE CARNET.

ÉCRIS/GRIFFONNE QUELQUE CHOSE SUR LA TRANCHE.

LISTE D'AUTRES MOYENS POUR SACCAGER CE CARNET.

1.

2.

3.

4.

5.

6.

7.

8.

9.

10.

11.

12.

TABLES DE TACHES

GRIFFONNE SUR CETTE PAGE ↓↓↓ ET DANS LE MARGES.

Ceci n'est pas de la littérature. L'auteur de cette œuvre cherche seulement à créer un texte qui n'a que peu ou pas de sens. Il s'agit uniquement de matière dont le lecteur se servira comme d'une trame. Avec un peu de chance, cela te rappellera un livre inscrit dans ta mémoire, un livre que tu avais enfant, celui-là même sur lequel secrètement tu avais écrit avec tes feutres. Ce pour quoi tu avais peut-être même été puni.

Cela pourrait être le tout premier manuel sur lequel tu aies écris, inspiré en cela par le graffiti du précédent propriétaire. Ce n'était pas ta faute. C'est le destin de tous les manuels scolaires, leur raison d'être. Tu n'as rien à te reprocher. Tout objet aussi ennuyeux qu'un manuel mérite ce genre de chose.

Lis-tu encore ? Tu es sensé couvrir cette page d'inscriptions. Je te prie d'arrêter de lire immédiatement! Il s'agit de ta dernière possibilité d'abîmer quelque chose.

Peut-être que cela ne t'intéresse pas car on te dit de le faire. Dans ce cas, je t'ordonne d'arrêter tes dessins immédiatement! Si tu continues à écrire sur cette page, l'auteur, en personne, va t'interdire à perpétuité de lire un de ses livres (ou tout du moins tant qu'elle continuera à en écrire - sans pour encore très longtemps).

Il y a beaucoup d'autres choses que tu pourrais faire au lieu d'abîmer cette page qui seraient plus utiles. Comme par exemple aller chez le dentiste, nettoyer ton réfrigérateur, laver tes fenêtres, ranger sous ton lit, lire l'œuvre complète de Proust, trier tes aliments par ordre alphabétique, faire des recherches sur la synthèse des polymères et ses effets sur la planète, trier tes enveloppes par taille, compter le nombre de feuilles de papier que tu possèdes, vérifier que toutes tes chaussettes vont par deux, compter la monnaie que tu as dans tes poches (ah oui, c'est vrai, tu as déjà fait cela dans ce carnet), rappeler ta mère, apprendre une nouvelle langue, te filmer en train de dormir, bouger tes meubles pour faire semblant d'être à un arrêt de bus, essayer de nouvelles positions pour t'asseoir, courir sur place pendant une heure, faire semblant d'être un agent secret, décorer l'intérieur de ton réfrigérateur, dessiner à la craie une fausse porte sur ton mur, parler avec les animaux de tes voisins, écrire un discours de remerciements pour une récompense à venir, marcher jusqu'au commerce à l'angle de la rue le plus lentement possible, écrire une lettre de satisfaction sur ton facteur, cacher un message dans un livre de la bibliothèque, muscler tes doigts, te déguiser en ton auteur préféré, sentir l'intérieur de tes narines, apprendre par cœur *The Elements of Style* de Strunk et White, t'asseoir devant ta maison en tenant un panneau disant «Klaxonne si tu aimes les oiseaux», fabrique un herbier avec les plantes qui t'entourent, sentir ce livre, dormir, faire semblant d'être un astronaute célèbre.

DÉBROUILLE-TOI
POUR ATTACHER CES
DEUX PAGES ENSEMBLE.

FROTTE CETTE PAGE SUR UNE VOITURE SALE.

RASSEMBLE UNE COLLECTION DE LA LETTRE "Q" ICI.

COLLECTIONNE DES INSECTES MORTS SUR CETTE PAGE.

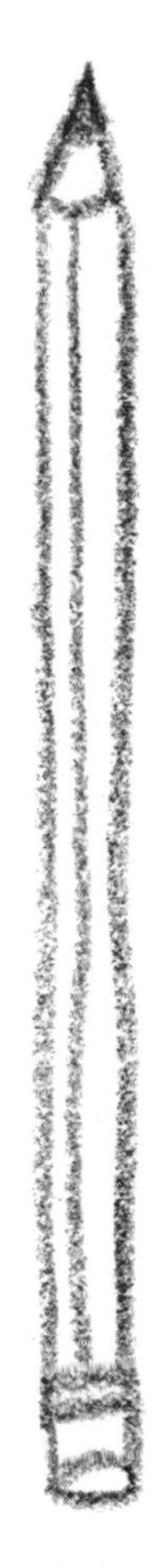

TAMBOURINE SUR CETTE PAGE AVEC DES CRAYONS.

FAIS FLOTTER
CETTE PAGE.

TROUVE UN
MOYEN POUR
CONGELER
CETTE PAGE.

CACHE CETTE PAGE DANS
LE JARDIN
DE TES VOISINS.

FAIS DÉVALER À CE CARNET UNE GRANDE COLLINE.

VENDS CETTE PAGE.

TRANS-
FORME
CE LIVRE
EN
CHAUSSURE.

FAIS GLISSER CE CARNET
(CETTE PAGE FACE AU SOL)
LE LONG D'UN GRAND COULOIR.

ÉCRASE
QUELQUE
CHOSE DE COLORÉ
SUR CETTE
PAGE.

ASPERGE D'UN LIQUIDE ICI
(ESSAIE DE LE FAIRE AVEC TA BOUCHE).